Contamos con nuestros amigos

Colleen Jones
Ilustraciones de Annette Cable

Dos pájaros se esconden
en un árbol.
Ven un pájaro más.

—¡Ven con nosotros! —le dicen los
dos pájaros—. Ya sabes el camino.

¿Cuántos pájaros hay en total?

Tres mapaches se esconden en un árbol. Ven dos mapaches más.

—¡Vengan con nosotros! —les dicen los tres mapaches—. Ya saben el camino.

¿Cuántos mapaches hay en total?

Dos ratones se esconden
en su madriguera.
Oyen tres ratones más.

—¡Vengan con nosotros! —les dicen
los dos ratones—. Ya saben el camino.

¿Cuántos ratones hay en total?

Cinco venados se esconden entre los árboles.
Ven un venado más.

—Ven con nosotros —le dicen los cinco venados—. Ya sabes el camino.

¿Cuántos venados hay en total?

Cuatro peces se esconden en el río.
Ven dos peces más que saltan.
—Vengan con nosotros —les dicen los cuatro peces—. Ya saben el camino.

¿Cuántos peces hay en total?

Dos osos se esconden
en su cueva.
Oyen dos osos más.

—Vengan con nosotros
—les dicen los dos osos—.
Ya saben el camino.

¿Cuántos osos hay en total?

Un conejo se esconde detrás
de un árbol.
Ve dos conejos más.

—Vengan conmigo —les dice
el conejo—. Ya saben el camino.

¿Cuántos conejos hay en total?

Tres pájaros están sentados en la rama de un árbol y lo ven todo.